23 mai 1868

VENTE LE SAMEDI 23 MAI 1868

COLLECTION DE M. X*** [[illegible]]

TABLEAUX ANCIENS

Me EUGENE ESCRIBE
COMMISSAIRE-PRISEUR

M. HORSIN DÉON
PEINTRE-EXPERT

RENOU ET MAULDE

IMPRIMEURS DE LA COMPAGNIE DES COMMISSAIRES-PRISEURS

Rue de Rivoli, 144

CATALOGUE

DES

TABLEAUX

ANCIENS

Formant la Collection de M. X*** Wombwell

VENTE HOTEL DROUOT

SALLE N° 2

Le Samedi 23 Mai 1868

A DEUX HEURES

EXPOSITIONS

PARTICULIÈRE : Le Mercredi 20 Mai 1868;

PUBLIQUE : Le Vendredi 22 Mai 1868;

DE UNE HEURE A CINQ HEURES

Mᵉ EUGÈNE ESCRIBE	M. HORSIN DEON
COMMISSAIRE-PRISEUR	PEINTRE-EXPERT
rue Saint-Honoré, n° 217.	rue des Moulins, n° 18.

CONDITIONS DE LA VENTE

Elle sera faite au comptant.

Les Acquéreurs payeront CINQ POUR CENT en sus du prix des adjudications.

CE CATALOGUE SE DISTRIBUE :

A Paris............	Chez MM.	EUGÈNE ESCRIBE, Commissaire-Priseur, rue Saint-Honoré, 217.
Id.	—	HORSIN DÉON, Peintre-Expert, rue des Moulins, 15.
Londres............	—	COLNAGHI, Pall-Mall-East, 14.
Id.	—	JOHN-WEBB, Cork-Street Burlington-Garden, 22.
Id.	—	H. DURLACHER, New-Bond-Street, 113.
Id.	—	ANNOOT, Old-Bond Street, 16.
Id.	—	F. DAVIS, New-Bond Street, 101.
Id.	—	GAMBART, Pall-Mall, 120.
Bruxelles..........	—	Étienne LEROY, Expert du Musée royal, place du Grand-Sablon, 33.
Id.	—	HÉRIS, Expert du Musée royal, rue de la Charité, 33.
Anvers..............	—	VERLINDE, rue de la Bourse anglaise, 1.
Berlin..............	—	FIOCATI, Unter den Linden, 21.
Id.	—	LEPKE, Unter den Linden, 12.
Vienne..............	—	ARTARIA et Cie.
Id.	—	Maison GOUPIL, représent. M. KAESER.
Francfort-sur-Mein.	—	LOEWENSTEIN frères, Zeil.
Id.	—	GOLDSCHMIDT, Zeil, hôtel de Russie.
Id.	—	BAER (Antoine), place Schiller, 3.
Pétersbourg........	—	NEGRI, père et fils.
Id.	—	VAN GOGH, marchand d'Estampes.
Rotterdam..........	—	LAMME, Conservateur du Musée.
Rome..............	—	MENCHETTI, via Babuino.

La Collection dont nous offrons le Catalogue, quoique vendue sans nom de propriétaire, n'en est pas moins une très-ancienne Collection, surtout de bon lieu. Elle nous est envoyée de Londres, qui renferme tant d'Amateurs, tant de Galeries distinguées, et elle y figurait honorablement entre toutes. — M. le Dr WAAGEN, dans ses ouvrages, en parle longuement et avec grands éloges ; Smith, dans son Catalogue raisonné, en mentionne en grande partie les tableaux.

Malheureusement, l'ordre de vendre dans un court délai cette belle Réunion de Tableaux nous est arrivé avant même qu'elle nous fût entièrement parvenue, à peine avons-nous eu le temps d'en rédiger le Catalogue ; il nous a donc été impossible de vérifier les provenances, si importantes pour la réussite d'une vente publique. Quoi qu'il en soit, à part une dizaine de Tableaux en retard dont nous avons rédigé les notices d'après les notes fournies par le propriétaire, nous pouvons affirmer hautement que tous les Tableaux que nous offrons en vente sont d'excellentes productions des meilleurs maîtres hollandais, flamands, français, et dignes à tous les titres de figurer dans les Collections les plus distinguées, en un mot que notre Exposition, quoi qu'il en advienne, n'en comptera pas moins au nombre des plus intéressantes et des mieux composées de l'année.

H. D.

Écoles Allemande, Flamande et Hollandaise.

ASSELYN

(JEAN)

1 — **Paysage et Animaux.**

Le site est pris en Italie. C'est une campagne montagneuse, éclairée par un soleil levant. D'anciennes ruines en occupent la gauche et une espèce de lavoir y est adossé. Une femme y lave du linge en causant avec un berger qui garde des chèvres et des moutons réunis sur le premier plan près d'un massif de grands chardons et de hautes plantes en fleurs. Près d'eux est encore un petit garçon qui s'avance les pieds nus dans une mare qui occupe une partie du second plan de la composition. Enfin, dans le fond, sortant de la montagne, un troupeau de vaches et de moutons apparaît sur une route qui occupe la droite de ce bon paysage exceptionnellement clair et d'un effet piquant, les œuvres de ce maître distingué étant presque toutes poussées au noir.

Toile. — H. 82 c. L. 64 c.

BACKHUYSEN

(LUDOLF)

Signé 1696.

2 — **Un Grain dans la rade.**

Le ciel est chargé de nuages, la mer est agitée et le vent souffle avec violence. Sur le premier plan, un yacht royal hollandais, pavillon déployé, entre dans le port; les matelots, sur le pont, se disposent à mouiller et à jeter l'ancre. A gauche, un peu en arrière, un gros navire opère la même manœuvre et deux petites barques gagnent le rivage. Dans le fond, une ville occupe tout l'horizon ; à ses quais sont amarrés une foule de bâtiments, et, sur la gauche, au troisième plan, sont encore deux vaisseaux à l'ancre et une petite tartane qui navigue.

Composition capitale qui joint à un effet piquant et à la plus grande animation, une couleur brillante et transparente.

Cat. raisonné de Smith, vol. VI, page 407.

Toile. — H. 1 m. 14 c. L. 1 m. 69 c.

BACKHUYSEN

(LUDOLF)

3 — **Marine.**

De gros nuages, éclairés par un soleil couchant, sont amoncelés au-dessus d'une grande ville de Hollande qui occupe, ainsi que son port, toute la droite de la composition. La mer est houleuse, un yacht, orné de belles cariatides et d'un fanal doré, avec ses pavillons tricolores que le vent agite, se voit sur le premier plan, saluant d'un coup de canon le port sur lequel il se dirige. A des distances diverses, six embarcations sillonnent la mer, se dirigeant également du côté du port. Enfin, à gauche, au second plan, un gros navire à l'ancre achève l'ensemble de ce remarquable tableau qu'un lumineux rayon de soleil, artistement ménagé, dote d'un effet saisissant.

Toile. — H. 1 m. 12 c. L. 1 m. 62 c.

BACKHUYSEN

(LUDOLF)

Signé du monogramme.

4 — **Marine.**

Le ciel est chargé de nuages qu'éclaire vigoureusement un soleil couchant; le vent fraîchit, la mer est clapoteuse. Aux différents plans, de gros vaisseaux se voient en panne ou naviguant paisiblement à pleines voiles, tandis que, sur le premier plan, dans une barque à l'ancre, des pêcheurs hâtent leurs préparatifs de départ; d'autres, dans une chaloupe, retirent leurs filets.

Ce petit tableau, d'une couleur puissante et harmonieuse, est incontestablement une des bonnes productions du maître.

Toile. — H. 60 c. L. 80 c.

BACKHUYSEN

(LUDOLF)

5 — **Vaisseaux et Barques naviguant sur une mer houleuse.**

Toile. — H. 64 c. L. 90 c.

BEGYN

(ABRAHAM)

6 — **Paysage. Animaux et Figures.**

Le site est montagneux, une rivière avec bateaux coule au second plan. A droite, des ruines couronnent d'énormes rochers. Sur le premier plan, sont réunis une vache, des moutons, une chèvre, un chien, deux ânes, dont l'un est monté par un paysan qui, avec une espèce de matelot accoudé sur un bidet noir, écoute une femme portant son enfant dans ses bras. Elle cause avec un homme occupé à raccommoder un filet.

Toile. — H. 70 c. L. 87 c.

BERGHEM

(NICOLAS)

7 — **Sacrifice à Jupiter.**

Une chèvre et un taureau blanc sont les deux victimes qu'offrent deux fervents personnages debout au pied de la statue du dieu. Le grand-prêtre vêtu de blanc, couronné de lauriers, vient de répandre des parfums sur l'autel et semble les inviter à la prière, en attendant le sacrifice annoncé au son de la trompe.

Des enfants, des flamines préparent les vases sacrés ainsi que le bûcher, et dans le fond, d'autres prêtres arrivent, amenant une nouvelle victime.

Toile. — H. 1 m. 64 c. L. 1 m. 35 c.

BERGHEM

(NICOLAS)

8 — **Paysage et Animaux.**

La vue est prise en Italie, le site est agreste et pittoresque, des montagnes au pied desquelles coule une rivière, en bornent l'horizon, et des masses de rochers couronnés d'arbres et de plantes buissonneuses, en occupent le centre. A droite, des paysans conduisant des bestiaux sortant d'un défilé; sur le premier plan, un jeune paysan et son chien gardant des chèvres, des moutons; un peu plus loin, montée sur un mulet, une paysanne qui cause avec une femme qu'accompagnent des enfants, complètent ce paysage éclairé par une chaude lumière.

Collection de feu Lady Stuart de Rothsay. Cité dans le cat. raisonné de Smith.

Toile. — H. 71 c. L. 88 c.

BERGHEM

(NICOLAS)

9 — **Paysage et Animaux.**

Dans un paysage montagneux, on voit un ancien temple ruiné bâti sur des rochers, un paysan faisant abreuver dans une mare des vaches et des moutons, et sur le premier plan, une femme en train de traire des chèvres tout en causant à une autre femme debout près d'elle, tenant une corbeille de linge sous le bras. Des vaches, des moutons, une chèvre les pieds dans l'eau, achèvent de composer cet intéressant groupe éclairé par les derniers rayons du jour.

Toile. H. 56 c. L. 61 c.

BRAKENBURG

10 — **La Consultation.**

Dans une chambre à coucher, près d'une table couverte d'un tapis de Turquie, une jeune malade assise sur une chaise et appuyée sur des oreillers présente une de ses mains à une vieille femme qui semble y lire de mauvais présages, car un homme et une femme placés derrière la malade l'observent avec inquiétude. Deux autres femmes qui se tiennent à distance en semblent tout effrayées.

Bois. — H. 33 c. L. 27 c.

CUYP

(ALBERT)

Signé 1635.

11 — **Intérieur d'Eglise.**

C'est une vaste église gothique à trois nefs. La vue en est prise au bas de la principale, et le regard en suit l'étendue jusqu'au fond du chœur fermé par une grille de bois sculpté. De belles colonnes soutiennent les voûtes ogivales de l'édifice auxquelles sont suspendus plusieurs lustres. Une chaire, un petit orgue, des épitaphes et armoiries encadrées sont adossées aux piliers. Ce vaste monument est artistement éclairé et meublé avec habileté de jolies figures grassement peintes. Mais ce beau tableau se recommande par sa belle ordonnance, sa couleur claire, transparente, et surtout par son effet ménagé avec tant d'art que la lumière existe partout sans nuire à la vigueur des oppositions, obtenues par la seule transparence des clairs obscurs.

Toile. — H. 95 c. L. 1 m. 10 c.

CUYP

(ALBERT)

12 — **Portrait d'un jeune Garçon.**

Sa tête est couverte d'une toque ornée de plumes, et de longs cheveux blonds encadrent son frais visage. Vêtu d'une tunique de velours rouge, de la main droite il élève en l'air un cornet de chasse, et de la gauche, il tient en laisse un chien à son côté.

Cette excellente figure de grandeur naturelle, vue jusqu'aux genoux, se recommande par une exécution soignée, par la beauté et la transparence de sa couleur.

Bois. — H. 92 c. L. 79 c.

DUSART

(CORNELIUS)

13 — **Intérieur d'Estaminet.**

Dans l'intérieur d'une vaste pièce rustique et près d'une fenêtre ouverte qui laisse apercevoir une cour, une nombreuse et joyeuse réunion d'hommes et de femmes fument, boivent ou devisent gaiement. Ils sont installés autour d'une table supportée par des tonneaux renversés, sur laquelle on voit une feuille de papier, un gâteau rompu et des verres de bière. L'un des personnages vide gloutonnement un gros pot de grès; une fille badine avec un jeune homme qu'elle décoiffe, un vieillard bourre sa pipe; en face de lui, un autre se retourne en tenant un verre à la main et suspend de fumer pour s'amuser des gentillesses d'un chien placé derrière sa chaise.

Mais comme personnages principaux placés sur le premier plan, sont un gros et joyeux Hollandais accoudé sur la table, les jambes croisées l'une sur l'autre, la tête renversée en arrière, élevant en riant une cuillère contenant une liqueur que lui offre une jeune femme debout près de lui. A l'autre coin de la table, une femme, tenant une pipe d'une main et de l'autre un réchaud, participe à cette scène en l'excitant à boire. Enfin, dans le fond, près de la cheminée, deux hommes, l'un debout qui allume sa pipe, l'autre assis qui bourre la sienne, achèvent l'ensemble de cette amusante composition, dont la capitalité s'augmente d'une couleur brillante, harmonieuse, et de clairs-obscurs d'une grande transparence.

Toile. — H. 67 c. L. 58 c.

HELST

(BARTHOLOMÉE VAN DER)

14 — **Portrait d'Homme.**

Vu à mi-jambes, il est assis près d'une table couverte d'un tapis de Turquie, le bras gauche accoudé sur le dossier de sa chaise et la main droite appuyée sur son chapeau posé sur ses genoux.

Toile. — H. 1 m. 28 c. L. 1 m.

LINGELBACH

(JEAN)

15 — **Scène de mœurs italiennes.**

Une grande quantité de gens de toutes conditions sont réunis dans une des places qui avoisinent les portes de Rome, on y voit au loin un dôme et un obélisque. Au second plan, des ruines importantes que des dames et seigneurs viennent visiter en carrosse, enfin des marchands entourés d'acheteurs remplissent tout le premier plan de la composition.

A droite, un paysan charge un panier de fleurs sur la tête d'une jeune fille. Une femme, tenant par la main son enfant qui joue avec un chien, choisit parmi les légumes d'une marchande qui reçoit en même temps l'argent d'un acheteur. Au centre, des marchands de marrons sont aussi entourés de chalands ; à gauche, un chasseur présente un lièvre à une dame qui paraît vouloir l'acheter. Un chanteur, debout sur une pierre, domine tous ces personnages et attire par ses accords divers auditeurs, entre autres un paysan monté sur un âne.

Ce tableau capital, pour sa couleur harmonieuse et sa belle exécution, doit être classé parmi les meilleures œuvres du maître.

Toile. — H. 66 c. L. 87 c.

MOUCHERON

(FRÉDÉRIC)

16 — **Paysage.**

Il offre une vaste étendue de pays boisé et montagneux et de beaux arbres légers dont un est brisé. Des peupliers bordent une rivière qui forme cascade et passe sous un pont de pierre qu'un voyageur et un seigneur à cheval vont traverser. Ce pont se relie à une route conduisant à un monastère qui s'aperçoit à droite sous les arbres. A gauche, sur une autre route qui semble se bifurquer avec celle de droite, on voit un pauvre assis et une femme conduisant un troupeau. Plus haut, en montant la montagne, un cavalier cause avec un homme et un enfant. Au troisième plan, on parcourt une vaste campagne jusqu'à des montagnes qui terminent agréablement la vue.

Un ciel chaud et accidenté, de beaux nuages complètent le charme de ce paysage tenu par l'artiste dans un jour mystérieux et éclairé par d'harmonieux effets de lumière.

Toile. — H. 78 c. L. 1 m.

NEEFS

(PETER LE FILS)

17 — **Intérieur d'Eglise.**

Du bas de la nef sur laquelle s'ouvrent de nombreuses chapelles ornées de tableaux à volets, la vue s'étend jusqu'au maître-autel. Une grande quantité d'intéressantes figures spirituellement touchées l'animent.

Bois. — H. 45 c. L. 56 c.

NEER

(EGLON VAN DER)

et

(ADRIEN VAN DEN VELDE)

18 — **Paysage.**

Le site est montagneux et boisé ; au centre est une cascade, sur la montagne un élégant château.

Sur le premier plan, à droite, un arbre mort entouré de plantes buissonneuses et grimpantes; au centre, une jeune femme, gardant des moutons et des chèvres, s'amuse des gentillesses d'un chien.

Toile. — H. 57 c. L. 64 c.

OMMÉGANCK

(BALTHAZAR-PAUL)

Signé.

19 — **Paysage et Animaux.**

Dans un riant paysage, non loin d'une petite ferme qui s'aperçoit à travers de beaux arbres, un troupeau de moutons est gardé par un berger qui cause avec une jeune fille. Elle tient un papier à la main et est assise sur le parapet ruiné d'un petit pont donnant passage à un courant d'eau qui coule en formant une petite cascade sur la gauche du premier plan.

Éclairé par les rayons obliques d'un chaud et brillant soleil couchant, ce joli tableau produit un effet saisissant.

Bois. — H. 56 c. L. 78 c.

OS

(J. VAN LE FILS)

Signé.

20 — **Vase de Fleurs.**

Des roses blanches, roses et jaunes, des iris, des pavots, des volubilis, du géranium, des narcisses, des renoncules, des scabieuses et autres fleurs sont groupées dans un vase placé sur un bloc de pierre sur lequel des branches de roses sont aussi déposées. Un tronc d'arbre renversé à terre, des scarabées composent un ensemble séduisant qui réunit au fini une grande fraîcheur de couleur.

Cuivre. — H. 1 m. 14 c. L. 82 c.

PYNAKER

(ADAM)

21 — **Paysage et Animaux.**

Sur une petite éminence, près d'un tronc d'arbre brisé dont les dernières branches sont desséchées, et au pied duquel croissent des fleurs et de larges plantes grasses, deux moutons se reposent près d'une belle vache debout. Ces animaux, ainsi que deux jeunes arbres aux branchages légers qui complètent le premier plan, sont éclairés par un rayon de soleil couchant et ils se détachent brillants de lumière sur un monticule boisé formant repoussoir aux plans plus élevés qui retrouvent la douce et riante clarté des derniers instants du jour.

Une route escarpée traverse cette colline, qu'un troupeau de vaches et de moutons achève de monter péniblement ; il est conduit par un pâtre autour duquel jappe un chien ; une femme, sur son âne, s'apprête, au contraire, à la descendre.

Toile. — H. 76 c. L. 57 c.

PYNAKER

(ADAM)

Signé.

22 — **Le Bœuf enragé.**

Dans un paysage montagneux, entre des rochers dont les ronces et le lichen déguisent la nudité, croissent des plantes buissonneuses du milieu desquelles s'élève un vieil arbre aux branchages presque dénudés. Un bœuf, agacé par les aboiements d'un chien, les yeux enflammés, la tête basse, s'apprête à s'élancer sur lui. Pres d'eux, une chèvre broute paisiblement. Les chauds rayons du soleil couchant traversent un ciel nuageux et éclairent, en les frisant, les arbres et les animaux complétant la composition, et y produit un effet des plus piquants.

Cité dans le Cat. raisonné de Smith, vol. VI, page 289.

Toile. — H. 1 m. L. 90 c.

La rareté des ouvrages de Pynaker, la grande manière avec laquelle il interprète la nature, le cachet d'originalité propre à ses ouvrages, l'effet piquant qu'il a su y introduire, sont autant de qualités qui recommandent particulièrement ces deux excellents tableaux.

REMBRANDT

(PAUL GERRETSZ, *dit* VAN RYN)

23 — **Portrait de Rembrandt.**

Il est vu en buste, âgé d'environ cinquante ans; il est coiffé d'une toque de velours brun qui fait ombre sur la partie supérieure de son visage orné d'une légère moustache et d'une petite mouche au menton. Son vêtement, comme sa toque, de couleur sombre, est entr'ouvert et laisse voir son cou et une partie de son col de chemise.

Ce beau portrait fixe l'attention par la hardiesse et le bel empâtement de la brosse et surtout par la vigueur de son coloris.

Collection de feu M. le prince Michel Radziwill.

Toile. — H. 90 c. L. 74 c.

REMBRANDT

(PAUL GERRETSZ, *dit* VAN RYN)

24 — **Un Chasseur.**

Des cheveux longs et une barbe épaisse encadrent son visage énergique dont la partie supérieure est ombragée par une large toque cramoisie, ornée d'une plume. Un manteau rouge avec collet noir, frangé d'or, couvre ses épaules. Le pouce de sa main gauche est passé dans sa ceinture, et sur sa main droite est perché un faucon encapuchonné. Une chaîne, une croix d'or, suspendue par un ruban, ornent sa poitrine et complètent son riche costume.

Remplie de dignité, cette belle figure, exécutée avec franchise et largeur, doit appeler l'attention particulière des amateurs, car elle réunit ce nerf, cette vigueur, cette harmonie de couleur que seul Rembrandt possède entre tous les plus grands coloristes.

Toile. — H. 1 m. L. 80 c.

REMBRANDT

(PAUL GERRETSZ, *dit* VAN RYN)

25 — **Diane et Actéon.**

Dans un paysage mystérieux, Actéon surprend Diane et ses nymphes au bain, qui, à sa vue, fuient épouvantées. Les chiens de la déesse combattent ceux du chasseur, et lui-même subit déjà la transformation à laquelle il est condamné.

Ce tableau, rempli de mouvement et d'un bel effet, rappelle parfaitement par son exécution, son dessin et sa couleur, celui des premiers temps du maître dont la galerie de M. le duc de Morny nous a offert un spécimen des plus curieux.

Toile. — H. 60 c. L. 81 c.

REMBRANDT

(PAUL GERRETSZ, *dit* VAN RYN)

26 — **L'Ange Raphaël quittant Tobie.**

Tobie agenouillé et son père prosterné, Sara et Anne sa belle-mère, sur le seuil de la maison, voient avec admiration et étonnement l'ange Raphaël s'élever au ciel à travers les nuages.

Ce tableau, d'une couleur puissante, provient de la galerie de feu M. le prince Michel Radziwill.

Toile. — H. 71 c. L. 59 c.

RUBENS

(PIERRE-PAUL)

27 — **Descente de croix.**

C'est une excellente répétition de moyenne grandeur du célèbre tableau d'Anvers, assez belle pour être jugée, par des experts distingués, devoir sortir de l'atelier du maître : c'est en faire un suffisant éloge.

Bois. — H. 1 m. 35 c. L. 95 c.

RUYSDAEL

(JACQUES)

Signé.

28 — **Paysage boisé.**

Sur le premier plan, un petit courant d'eau tombe en cascades, et au pied d'un vieil arbre se voient un chien et deux jolies figures vivement éclairées dignes de Van de Velde.

Toile. — H. 55 c. L. 37 c.

TÉNIERS

(DAVID)

29 — **Intérieur d'Estaminet.**

Dans le fond, auprès de la cheminée, six paysans, les uns autour d'une table, les autres debout, causent, fument ou boivent. Sur le premier plan, à gauche, deux autres fumeurs, l'un tenant un pot d'une main, de l'autre une pipe, assis près d'un escabeau sur lequel sont du tabac, un réchaud et un chandelier, lance en l'air un jet de fumée. Le second, debout, bourre sa pipe. Divers accessoires : vases de terre, billot, vieux souliers et autres garnissent le coin de droite.

Bois. — H. 38 c. L. 48 c.

VELDE

(GUILLAUME VAN DEN)

30 — **Marine.**

Toute une flotte navigue en pleine mer; elle s'étend depuis le second plan du tableau jusqu'à son horizon. Un grand nombre de chaloupes et de petits bateaux à voile, en parcourent les lignes ou entourent particulièrement un vaisseau placé à la droite de la composition. Ce bâtiment cargue ses voiles et ainsi que deux autres placés à peu de distance, salue d'un coup de canon un élégant yacht royal qui, du premier plan, dirige sa marche sur lui.

Des nuages épais envahissent le ciel, un vigoureux coup de vent gonfle les voiles, agite les pavillons et les flots, et donne à ce tableau remarquable une animation, un mouvement qui en doublent l'intérêt.

Toile. — H. 78 c. L. 1 m. 08 c.

VELDE

(GUILLAUME VAN DEN)

31 — **Marine; temps calme.**

Toute une escadre se dispose au départ : dans le fond, de nombreux vaisseaux sont déjà en partance et la plus grande activité règne sur les trois bâtiments qui occupent la gauche du premier plan. On déploie les voiles, on lève les ancres, un coup de canon salue l'arrivée de l'amiral qui, dans son canot richement décoré, vient prendre possession de son bord. A droite, stationnent un yacht royal, une chaloupe et une petite barque.

Tous ces vaisseaux se reflètent dans les eaux transparentes de la mer, et leurs voilures, par un admirable effet de l'art, se détachent brillantes sur un ciel resplendissant de lumière.

Toile. — H. 86 c. L. 98 c.

VERBOECKHOVEN

(EUGÈNE)

32 — **Paysage et Animaux.**

Par une belle soirée d'été, un pâtre chemine paisiblement en conduisant son troupeau le long d'un chemin accidenté.

Bois — H. 48 c. L. 43 c.

VERBOOM

(ABRAHAM)

33 — **Paysage; effet d'hiver.**

Un village et son église en occupent la gauche; il borde un canal glacé sur lequel on voit des petits enfants près d'un bûcheron qui débite de gros arbres renversés sur la glace; un traîneau auquel un cheval est attelé, des patineurs et autres figures sont distribuées aux différents plans de ce joli tableau.

Bois. — H. 53 c. L. 71 c.

WEENIX

(JEAN-BAPTISTE)

34 — **Le Retour de l'Enfant prodigue.**

L'Enfant prodigue, couvert d'habits en lambeaux et après lequel jappe un chien, se présente humblement agenouillé devant le splendide palais de son père. Celui-ci le reçoit les bras ouverts, il est suivi d'une jeune dame richement vêtue accompagnée d'une servante, d'un petit nègre et d'un page qui l'abrite sous un vaste parasol.

Dans le fond on aperçoit des serviteurs, les jardins du palais et un port de mer.

Toile. — H. 1 m. L. 1 m. 10 c.

WEENIX

(JEAN-BAPTISTE)

35 — **Fruits et Gibier.**

Des raisins, des pommes, des poires, des abricots dans un grand vase de cuivre cannelé, d'autres poires, d'autres raisins, un bissac, des oiseaux au riche plumage, sont réunis sur une table couverte en partie d'un tapis de soie bleue. Un lièvre, des perdrix sont également déposés sur une chaise, ainsi qu'un tapis rouge frangé d'or. Un perroquet perché sur le dossier de la chaise s'agitant à la vue d'un chat qui apparaît sur un mur d'appui, animent ce tableau brillant de couleur.

Toile. — 1 m. 12 c. L. 1 m.

WERF

(ADRIEN VAN DER)

36 — **La mort de Cléopâtre.**

Dans l'intérieur de son palais, Cléopâtre est étendue mourante sur un manteau de soie bleue garni d'hermine, près d'elle une servante s'est évanouie, une autre debout tourne avec détresse ses regards vers le ciel dont elle semble invoquer le secours. Une grande fenêtre éclaire cette scène encadrée par de luxurieux rideaux de soie.

Bois. — H. 47 c. L. 32 c.

WOUWERMANS

(PHILIPPE)

37 — **Halte de Voyageurs.**

Sur une route qui traverse un monticule sablonneux aux terrains éboulés, cheminent deux voyageurs l'un, monté sur un cheval blanc, s'éloigne, l'autre, au contraire, descend la côte tout en regardant à droite, sur le bord de la route, une pauvre femme entourée de ses trois enfants dont elle tient le plus jeune endormi sur ses genoux. A gauche, se voit la maison rustique et pittoresque d'un maréchal qui, assisté d'un aide, ferre un mulet. Deux autres mulets, le premier en train de braire, monté par son conducteur, le second couché à terre, stationnent encore devant la forge dans laquelle un ouvrier chauffe du fer. De ce côté sont aussi un voyageur assis sur le gazon et une espèce de mendiant couché qui s'entretient avec une femme portant un enfant sur le bras. Puis des chiens, une mare, de vieux saules dénudés, d'autres en débris jetés à terre, complètent l'ensemble de cette agréable composition.

Le site est bien choisi car les accidents de terrain ajoutent à l'animation de cette œuvre diversifiée par d'heureux épisodes. Animaux et figures sont étudiés et exécutés avec grand soin. La touche en est grasse et spirituelle, enfin une couleur vraie et harmonieuse termine avec bonheur l'ensemble de ce séduisant tableau.

Toile. — H. 59 c. L. 76 c.

WYNANTS

(JEAN)

et

VELDE

(ADRIEN VAN DEN)

38 — **Paysage.**

Des terrains sablonneux et éboulés, des arbres brisés au feuillage léger au pied desquels croissent des chardons et des plantes grasses bordent une route sur laquelle se voient aux différents plans, d'abord un chasseur le fusil sur l'épaule marchant en tenant un chien en laisse et qui est précédé de deux lévriers accouplés; plus loin, un gentilhomme à cheval qui cause avec un paysan gardant des moutons, plus loin encore, un piqueur et un fauconnier suivis de toute une meute. La route se perd dans un petit bois à gauche; à droite est une rivière, un petit lointain montagneux qu'animent encore quelques figurines ainsi qu'une petite charrette que conduisent des paysans.

Tout cela, ciel, terrains, arbres, figures, est éclairé par un soleil brillant qui produit dans ce tableau, déjà d'une couleur séduisante, un effet saisissant.

Collection de feu M. le prince Michel Radziwill.

Bois. — H. 61 c. L. 55 c.

WYNANTS

(JEAN)

Signé 1675.

39 — **Paysage.**

Une maison rustique bâtie en briques, contre laquelle un hangard, composé de vieilles planches et couvert de chaume est adossé, en occupe la gauche. Elle se détache sur des massifs d'arbres clôturés de planches vermoulues. Un courant d'eau limpide dans lequel se baignent des paysans, occupe une partie du premier plan. Il est meublé encore d'un tertre sablonneux où se voit un homme qui se déshabille assis près d'un gros et vieil arbre mort au pied duquel croissent de larges plantes grasses et boissonneuse. Enfin un tronc d'arbre renversé dans l'eau achève de garnir l'avant-scène de ce tableau capital qui se termine par une échappée de paysage, pelouse meublée d'arbres se déroulant jusqu'à un côteau verdoyant dont la cime inégale se détache sur un beau ciel clair et doré légèrement nuageux.

Ce magnifique tableau d'une couleur brillante, de la meilleure exécution du maître, porte une signature aussi incontestable que le tableau lui-même et sa date est d'autant plus curieuse que la mort de J. Wynants est incertaine.

Collection de feu M. le prince Michel Radziwill.

Toile. — H. 1 m. 40 c. L. 1 m. 46 c.

WYNANTS

(JEAN)

Signé.

40 — **Paysage et Figures.**

Des maisons bâties sur de vieilles ruines que dominent de jeunes arbres, bordent une route qui se perd dans le lointain accidenté. Un paysan qui, en conduisant une vache et des moutons, cause avec une femme montée sur un âne, des plantes grasses, un vieil arbre debout, un autre brisé et renversé à terre composent ce paysage d'un effet piquant.

Bois. — H. 34 c. L. 44 c.

WYNANTS

(JEAN)

41 — **Paysage.**

La vue qui s'étend au loin est bornée par des montagnes vaporeuses. D'un petit bois qui occupe le centre du tableau, on voit sortir un chasseur et ses chiens. Sur une route sablonneuse partant du premier plan qui parcourt la plaine, cheminent une femme et un enfant accompagnés d'un chien, ainsi qu'au loin quelques figurines à l'endroit où se perd la route. Un vieux tronc d'arbre brisé qui étend ses dernières branches au-dessus de la route, des chardons, des ronces et autres plantes garnissent la droite du premier plan et complètent l'ensemble de ce paysage d'un bel aspect.

Toile. — H. 1 m. 03 c. L. 95 c.

École Française.

DE MARNE

(J.-LOUIS)

42 — **Port de mer.**

Le ciel brillant éclairé par le soleil levant, les fortifications et les abords pittoresques et monumentals de ce port, rappellent les riantes villes des côtes de la Méditerranée. L'action qui l'anime est le débarquement des voyageurs d'un trois-mâts qui se voit à peu de distance. Les parents accourus tiennent embrassés les arrivants; mais le groupe principal est celui de la famille du capitaine. Ce brave marin caresse d'une main sa petite fille qui lui tend les bras et presse contre son cœur sa femme qui remercie le ciel de son heureux retour. Une négresse lui présente son plus jeune enfant et ses domestiques déposent à terre une grosse malle. Des sauvages, des portefaix assis sur des ballots, des chiens et dans le fond de nombreux personnages qui, sous une tente, pèsent des marchandises, forment l'ensemble de cet agréable tableau qui joint à beaucoup d'animation un fini précieux.

Toile. — H. 39 c. — L. 48 c.

~~NEIES~~

(CHARLES)

43 — Scène villageoise.

Pendant qu'une jeune et jolie fille bat du beurre, un garçon de bonne mine assis et la tête penchée près d'elle, cherche par des propos galants à amener la gaîté sur son visage qui ne reste que rêveur. Tenant une bouteille d'une main, un verre rempli de l'autre, qu'il élève en l'air, il semble l'inviter à le partager ou bien à permettre qu'il le boive à leurs futures amours. — Un gentil petit garçon frais et blond, tenant d'une main un panier rempli de paille et d'œufs, et de l'autre un long bâton; puis portant sur le dos un grand vase de cuivre, se tient debout devant ces amoureux et semble chercher à les comprendre.

Cette scène se passe sous un grand arbre auquel est adossé un banc de bois et à peu de distance d'une chaumière sur la porte de laquelle un paysan se penche en avant pour écouter tout en fumant sa pipe. Un coq, des poules, la roue d'une charrette, un cuvier, un chaudron, un grand vase de cuivre renfermant de la crème, un chien, une petite fille près d'un puits, jouant avec l'eau du seau, enfin, dans le fond, le château, le clocher de l'Eglise, des vaches dans la campagne; rien ne manque dans cette charmante composition toute champêtre pour ajouter à son séduisant aspect.

Toile. — H. 68 c. L. 89 c.

LORRAIN

(CLAUDE GELÉE, *dit* LE)

44 — **Paysage; site d'Italie.**

Le premier plan offre, à droite, une petite rivière dont les eaux semblent empruntées à un large fleuve que traverse un pont de pierre à cinq arches. Ce fleuve serpente au loin dans une verdoyante campagne, s'étendant jusqu'à des montagnes azurées qui inondent de lumière un ciel doré par les rayons d'un soleil couchant. A droite sont aussi d'énormes rochers sur lesquels un petit temple ancien et ruiné est bâti. De hautes falaises sont couronnées par une villa, des mousses, des arbustes, des bouquets d'arbres heureusement distribués. Un pont de bois que passent un voyageur et des femmes conduisant des vaches, des chèvres et un mouton, relie les rochers entre lesquels traverse la rivière alimentée par des chutes d'eau et cascades qui tombent du haut des falaises.

Enfin, à gauche, à l'ombre d'un fourré d'arbres et d'un beau pin qui balance son feuillage touffu sur le ciel vaporeux, un berger assis près d'une jeune fille, joue du chalumeau en gardant des chèvres.

La vapeur aérienne circule partout dans ce beau tableau qui réunit à une couleur remplie d'harmonie, un effet général des plus grandioses.

Gravé dans le livre de Vérité.

Toile. — H. 1 m. 31 c. L. 1 m. 75 c.

VERNET

(JOSEPH-CLAUDE)

Signé 1788.

45 — **Paysage-Marine.**

Il représente une rade des côtes de la Méditerranée; la mer est calme, au centre stationne un gros navire. A gauche est la côte boisée, à droite le port d'une ville commandée par un fort qui la domine. Sur le premier plan, au pied d'un énorme rocher couronné d'arbustes et sur une espèce de quai auquel un yacht est amarré, huit pêcheurs et deux jeunes femmes stationnent au bord de la mer, occupés les uns à retirer leurs filets d'un bateau, les autres pêchant à la ligne, au trouble ou à l'épuisette. Un soleil du soir qui se fait jour à travers les vapeurs d'un ciel nuageux qu'il dore, éclaire de ses faibles rayons cette séduisante marine et se reflète dans ses eaux transparentes.

Toile. — H. 68 c. L. 96 c.

VERNET

(JOSEPH)

46 — **Combat naval.**

Six vaisseaux de haut-bord sont aux prises : trois anglais et trois français. Au centre un des navires anglais enflammé vient sans doute de vaillamment résister, puisque son adversaire lance encore une bordée. Son équipage fuit sur cinq chaloupes, abandonnant quelques malheureux matelots qui, du haut du pont, leur tendent les bras. Plus, à droite, les quatre autres bâtiments rangés en ligne échangent des bordées avec chances égales. Mais le combat va bientôt devenir général, car les flottes anglaises et françaises s'avancent à toutes voiles prendre part au combat.

A gauche est un vaisseau coulé dont on n'aperçoit plus qu'une partie de la mâture à laquelle se cramponnent quelques malheureux marins. La scène se passe la nuit et par un temps calme, quoique le ciel soit chargé de nuages. La lune qui s'en dégage, en joignant sa lumière aux clartés de l'incendie, permet de voir jusqu'aux moindres détails de cette émouvante composition.

Toile. — H. 86 c. L. 1 m. 30 c.

VERNET

(JOSEPH)

47 — **Marine; effet de nuit.**

Sur la mer calme éclairée par la lune, on voit plusieurs bateaux de pêcheurs et, dans l'éloignement, deux gros navires. Sur le premier plan, des matelots, après avoir amarré leur barque à un arbre de la côte, se disposent à rejoindre d'autres marins déjà réunis autour d'un feu sur lequel ils préparent des aliments.

Toile. — H. 98 c. L. 1 m. 35 c.

WATTEAU

(ANTOINE)

48 — **Récréation champêtre.**

Une nombreuse société est réunie dans un parc; les uns devisent galamment, d'autres regardent deux dames et autant de cavaliers qui exécutent un pas. Un troisième danseur s'exerce à le répéter. Deux musiciens, assis près d'une statue, les accompagnent.

Gracieuse composition qui joint à la grâce un charmant coloris.

Toile. — H. 1 m. 07 c. L. 75 c.

Ecole Italienne.

ALBANE

(FRANCESCO)

49 — **Baptême de Jésus.**

Les bras pieusement croisés sur sa poitrine, Notre Seigneur, dont l'attitude est celle de l'humilité la plus profonde, s'est avancé dans les eaux du Jourdain pour y recevoir le baptême des mains de saint Jean. Le précurseur agenouillé à sa gauche, verse sur son front, doucement incliné, l'eau régénératrice. Deux anges sur un nuage, l'un qui déploie le linge blanc qui doit essuyer le front du Sauveur, l'autre agenouillé, dépositaire de ses vêtements témoignent de sa divinité que sanctifie la présence du Saint-Esprit ainsi que celle de l'Éternel qui, soutenu par des anges, contemple du haut du ciel son fils bien-aimé.

Toile. — H. 72 c. L. 58 c.

BELLOTTO

(BERNARDO, *dit* CANALETTI)

50 — **Vue de Venise.**

A gauche, une des façades de l'église Saint-Marc dans l'ombre ; au fond, la place animée de nombreuses figures; à droite, des maisons vivement éclairées.

Toile. — H. 74 c. L. 1 m. 39 c.

CANALETTI

51 — **Vue de Venise.**

Prise du milieu du grand canal, elle offre à la vue, à droite, une façade du palais ducal, une partie de la Piazzetta, ses deux belles colonnes, l'ancienne Bibliothèque, aujourd'hui le Palais-Royal. Enfin à gauche, la Douane et Sainte-Marie de la Salute. Une grande quantité de figures, de gondoles et quelques barques animent cet agréable tableau.

Toile. — L. 1 m. 15 c. H. 78 c.

DOLCI

(CARLO)

52 — **La Vierge et l'Enfant.**

La sainte Vierge, la tête légèrement inclinée, les yeux humblement baissés, soutient son divin fils qui donne sa bénédiction. Il est debout sur un coussin de velours placé sur une table près d'un panier à ouvrage.

Toutes les qualités auxquelles les productions de Carlo Dolci doivent leur prix se trouvent réunies dans ce ravissant tableau, fini précieux, pinceau suave et recherché, coloris brillant et surtout les expressions angéliques qui donnent à ses ouvrages un charme infini.

Toile. — H. 1 m. 12 c. L. 92 c.

DOLCI

(CARLO)

53 — **Saint Charles Borromée.**

Le saint cardinal est debout et vu à mi-corps. Il est vêtu de son aube et d'un camail rouge à capuce. Une barbe noire et des cheveux courts encadrent son visage énergique. Tenant sa barrette de la main gauche, il offre de la droite un Crucifix en adoration aux fidèles.

Cette belle figure, admirablement modelée, joint à une vigueur extraordinaire de couleur, une grande vérité et un fini précieux.

Toile. — H. 95 c. L. 76 c.

GUARDI

(FRANCESCO)

54 — **Vue de Venise.**

Elle représente une fête publique. Une quantité considérable de gondoles sont placées ou se rangent le long des palais et maisons qui bordent le grand canal. Quatre seulement richement et magnifiquement décorées arrivant de diverses directions gagnent le centre. Toutes les fenêtres et les balcons sont littéralement encombrés de curieux. A gauche, à l'un de ces balcons dépendant d'un superbe palais orné de trophées militaires, se tiennent sans doute les dignitaires de la République.

Toile. — H. 70 c. L. 92 c.

PANINI

(GIOVANNI-PAOLO)

55 — **Marine et Monuments.**

Un magnifique palais orné de statues occupe la gauche du tableau; au fond est la mer calme avec barque et vaisseaux. Sur le premier plan, de nombreuses figures et marchandises. Le ciel est pur, mais une chaude lumière éclaire cet agréable tableau composé dans le goût du Claude.

Toile. — H. 1 m. 27 c. L. 96 c.

RONDANI

(FRANCESCO-MARIA)

56 — **Vénus & Adonis.**

Cette ravissante composition nous fait assister à une scène de séduction, bien plus que nous rendre témoins des faciles amours de la déesse des plaisirs. Elle représente une gracieuse fille blonde, debout, le pied déjà posé sur la marche d'un lit, où un jeune homme cherche à l'attirer. A l'expression des visages des amans, on sent que l'espoir de constantes amours entraîne seul l'innocente femme. Tout en elle exprime de pudiques hésitations, qui la font défendre la draperie de soie verte qui dérobe encore ses charmes aux regards passionnés de son amant placé derrière elle et sur lequel elle jette à la dérobée un timide regard.

L'Amour, témoin de ce combat amoureux, assis sur des draperies de soie déposées sur un tabouret, se retourne du côté du spectateur, l'invitant du doigt à être discret. Sur l'appui d'une fenêtre qui laisse apercevoir un beau ciel, deux colombes sont perchées. Le lit en bois sculpté est garni d'amples rideaux sur lesquels se détachent ces charmantes figures. Le modelé, la grâce du dessin, joints aux douces expressions si bien rendues de ce Tableau, en font une œuvre d'autant plus admirable que la couleur en est claire, brillante et transparente tout à la fois.

Toile. — H. 2 m. 06 c. L. 1 m. 65 c.

VINCI

(LÉONARD DE)

57 — **Madeleine.**

Debout, dans sa grotte de Sainte-Baume, la sainte pénitente, les épaules et la plus grande partie de son corps voilés par les flots de sa belle chevelure ondulée, les mains croisées sur sa poitrine, lève au ciel des regards empreints d'espérance. Cette belle demi-figure possède non-seulement le goût du dessin, la pureté des contours, mais encore le ton de couleur, l'exécution, le style d'arrangement, l'entente de l'effet qui caractérisent les œuvres du grand maître dont cet intéressant tableau est incontestablement le contemporain.

Bois. — H. 68 c. L. 52 c.

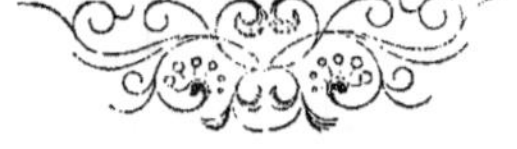

Renou et Maulde, imprimeurs de la Compagnie des Commissaires-Priseurs, rue de Rivoli, 144 14464

www.ingramcontent.com/pod-product-compliance
Lightning Source LLC
LaVergne TN
LVHW020246230826
846091LV00006B/2272

9782329506067